CW00853642

CYFRINACHAU'R DDAEAR

Carron Brown

Darluniau gan Wesley Robins

Addasiad Elin Meek

Y Ddaear yw'r byd lle rydyn ni'n byw.

Dere ar daith i'r pegynau rhewllyd, plymia
o dan donnau'r cefnforoedd ac archwilia'r
coedwigoedd glaw a'r diffeithdiroedd i
weld rhyfeddodau ein planed hardd.

Goleua dortsh y tu ôl i'r dudalen,
neu dalia hi at y golau i weld
beth sy'n cuddio ym mhob tirlun.
Cei weld byd o ryfeddodau anhygoel.

Beth yw'r belen boeth, danllyd hon yn y gofod?

Ai'r haul yw hi?

Nage, y tu mewn i'r Ddaear yw hi!

Mae'r tu mewn yn boeth, ond rydyn ni'n
byw ar y tu allan,
Sy'n oerach.

Seren yw'r haul sy'n rhoi gwres a golau i'r Ddaear. Mae'n codi yn yr awyr ar doriad gwawr.

Weli di'r haul i gyd?

Wrth i'r haul ddringo, mae'r awyr
yn goleuo wrth i'r nos droi'n ddydd.

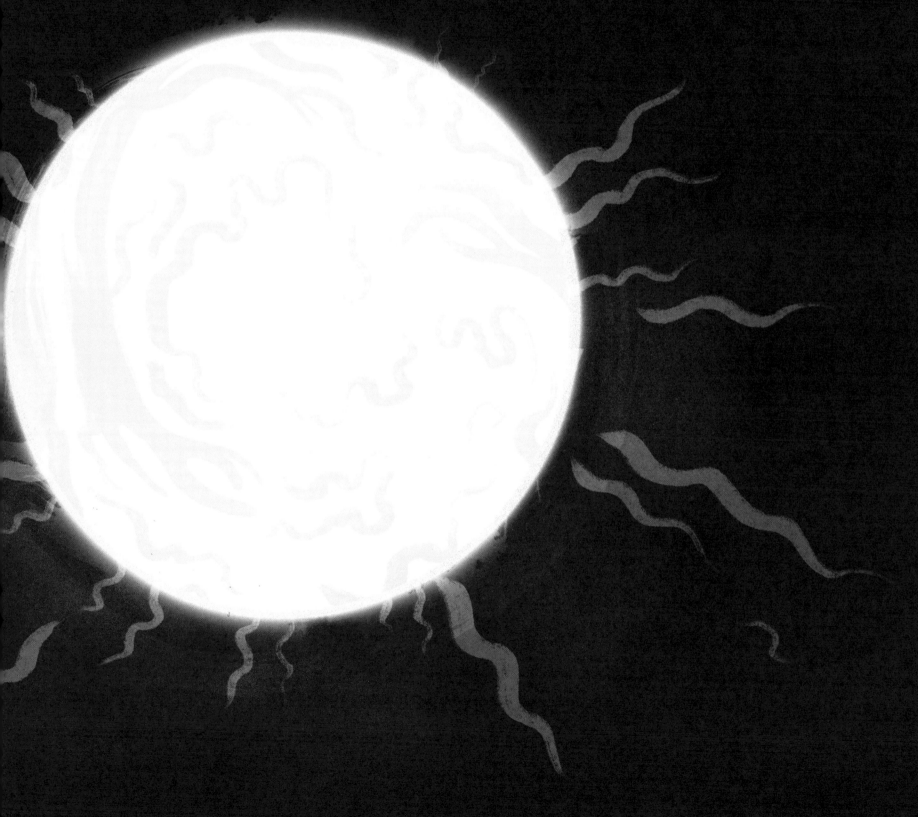

Mynyddoedd yw'r mannau uchaf ar y Ddaear. Mae hi'n oer fyny fry fan hyn, ac mae hi'n bwrw eira'n aml.

Weli di fynydd uchel iawn?

Dyma fe!

Mae criw o gerddwyr yn dringo'r mynydd.
Mae angen iddyn nhw fod yn ofalus –
mae'n serth iawn.

Crensh!

Crensh!

Mynyddoedd sy'n ffrwydro
yw llosgfynyddoedd.

Beth sy'n saethu o
gopa'r llosgfynydd?

Lafa! Craig boeth, wedi toddi, yw lafa,
a ddaw o grombil y Ddaear.

Mae'n rhuthro i fyny drwy'r
twnelau sydd y tu mewn
i'r llosgfynydd.

WWWWSh!

Mae afonydd yn llifo o'r tir i'r môr.
Daw dŵr yr afonydd o'r glaw a'r eira.

Beth sy'n tasgu y tu ôl i'r clogwyn?

Rhaeadr yw hi.

Mae dŵr yr afon yn
llifo i lawr y clogwyn
i'r môr oddi tano.

Rhuo!

Mae angen dŵr ar bob anifail a phlanhigyn er mwyn medru byw. Yn y cefnforoedd hallt y mae'r rhan fwyaf o ddŵr y Ddaear.

Pa anifeiliaid sy'n byw o dan y tonnau?

Mae llawer o anifeiliaid, rhai pitw bach
a rhai anferth, yn byw yn y cefnforoedd.

Mae yna bysgod, crwbanod y môr,
dolffiniaid, cwrel, crancod a llawer mwy.

Lleoedd oer a rhewllyd iawn yw rhannau mwyaf gogleddol a deheuol y Ddaear. Mae mynyddoedd iâ enfawr yn arnofio yn y môr.

Weli di'r mynydd iâ cyfan?

O dan wyneb y dŵr mae llawer mwy o iâ.

Mae pengwiniaid yn dal pysgod ac mae
morfilod yn bwyta creaduriaid
pitw bach o'r enw cril.

Glan y môr yw'r man lle mae'r môr yn cwrdd â'r tir.
Mae creigiau a thywod
i'w gweld yma.

Weli di'r tywod?

Dyma draeth tywodlyd!

Mae tywod wedi'i wneud o ddarnau pitw bach o greigiau a mwynau Sy'n golchi i'r lan.

Diffeithdiroedd yw'r mannau sychaf ar y Ddaear.
Prin y mae hi'n bwrw glaw yno. Mae llawer
o ddiffeithdiroedd tywodlyd yn boeth iawn
yn ystod y dydd.

I ble mae rhai anifeiliaid yn mynd
i guddio rhag y gwres?

Mae'n oerach o dan y tywod.

Twnelau o dan ddaear yw cartref y llygod hyn.
Maen nhw'n dod allan yn y nos pan fydd hi'n oerach.

Ardaloedd mawr, gwastad, lle nad oes
llawer o goed yn tyfu, yw glaswelltiroedd.

Mae'r eliffantod yn tynnu'r glaswellt
â'u trynciau hir ac yn ei fwyta.

Pwy sy'n eu gwylio nhw?

Mae criw o swricatiaid yn cadw golwg.

Maen nhw'n gwylio rhag perygl ac yn galw
ar ei gilydd os daw helynt.

Pi-po!

Mae coedwigoedd glaw yn wlyb drwy'r flwyddyn.
Mae llawer o blanhigion yn tyfu yma.

Rydyn ni'n bwyta llawer o ffrwythau'r
goedwig law, fel bananas a phinafalau.

Pwy arall sy'n bwyta'r ffrwythau?

Cnoi!

Mae'r mwncïod heglog yn dringo'n uchel er mwyn bwyta'r ffrwythau o'r coed.

Mae miloedd o wahanol fathau o anifeiliaid yn byw mewn coedwigoedd glaw.

Crensh!

Mae hi'n stormus. Mae'r cymylau llwyd yn llawn dafnau glaw ac mae hi'n bwrw'n drwm.

Pa fath o storm yw hon?

Storm fellt a tharanau yw hi.

Bollt o drydan yn yr awyr yw mellten.
Ar ôl fflach y fellten, daw twrw'r daran.

Gwynt yw'r enw ar yr aer sy'n symud o gwmpas y Ddaear. Gall fod yn awel ysgafn neu'n gorwynt mawr.

Pa beiriannau sy'n troelli yn y gwynt?

Mae pobl yn byw ym mhedwar ban y byd, mewn trefi a dinasoedd yn bennaf.

Lleoedd prysur iawn yw'r dinasoedd mawr.

Faint o bobl weli di ar y trên hwn?

Gyfraist ti ddeg o bobl?

Mae pobl o bob lliw a llun ac oed
i'w cael ar y Ddaear. Maen nhw'n
siarad ieithoedd gwahanol, hefyd.

Mae hi'n nosi. Wrth i'r haul fachlud mae'r awyr yn troi'n goch a'r cymylau'n troi'n borffor.

Beth weli di y tu ôl i'r cymylau?

Mae'r lleuad a'r Sêr fry yn y gofod.

Darnau o greigiau'r gofod yw sêr gwib.
Maen nhw'n llosgi wrth deithio tuag at y Ddaear.

Mae diwrnod newydd yn dechrau ar yr ochr hon o'r byd wrth iddi nosi ar yr ochr draw.

Mae pethau rhyfeddol yn digwydd o gwmpas y Ddaear gyfan, bob eiliad o bob dydd.
Tybed beth ddaw i'n synnu ni yfory?

Dyma ragor . . .

Dringa fynyddoedd, mentra drwy goedwigoedd glaw, croesa ddiffeithdiroedd a hwylia'r cefnforoedd i gael gwybod rhagor am y Ddaear.

Mynydd Mynydd Everest yn yr Himalaya yw'r mynydd uchaf yn y byd. Mae'n 8,848 metr (29,029 troedfedd) o uchder.

Coedwig law Mae coedwigoedd glaw yn tyfu lle mae hi'n boeth ac yn bwrw llawer o law. Coedwig law yr Amazon yn Ne America yw'r goedwig law fwyaf.

Glaswelltir Paith yw'r enw ar laswelltiroedd Gogledd a De America, safana yw'r enw yn Affrica a stepdir yn Ewrop ac Asia.

Pegynau Pegynau yw'r enw ar yr ardaloedd rhewllyd yn rhannau mwyaf gogleddol a deheuol y Ddaear. Mae Pegwn y Gogledd yn yr Arctig a Phegwn y De yn yr Antarctig.

Diffeithdir Mae yna ddiffeithdiroedd tywodlyd, creigiog a rhewllyd ar y Ddaear. Tir rhewllyd Antarctica yw'r diffeithdir mwyaf. Mae'n rhy oer i fwrw glaw ym Mhegwn y De!

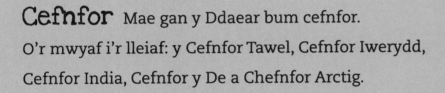

Cefnfor Mae gan y Ddaear bum cefnfor. O'r mwyaf i'r lleiaf: y Cefnfor Tawel, Cefnfor Iwerydd, Cefnfor India, Cefnfor y De a Chefnfor Arctig.

Afon Mae afonydd yn tarddu fry yn y bryniau neu'r mynyddoedd ac mae'r rhan fwyaf yn llifo i lawr i'r môr. Afon Nîl yn yr Aifft yw afon hiraf y Ddaear.

Dinas Mae llawer o adeiladau mewn dinas ac mae'n gartref i lawer o bobl. Tokyo, yn Japan, yw dinas fwyaf y byd. Mae bron i 38 miliwn o bobl yn byw yno.

Cyhoeddwyd gan Rily Publications Ltd 2017
Rily Publications Ltd, Blwch Post 257, Caerffili CF83 9FL
Hawlfraint yr addasiad © Rily Publications Ltd 2017
Addasiad gan Elin Meek

CYFRINACHAU'R DDAEAR
ISBN 978-1-84967-365-5

Cyhoeddwyd yn wreiddiol yn Saesneg yn 2017
dan y teitl *Secrets of our Earth* gan Ivy Kids.

Hawlfraint © 2017 Ivy Kids,
argraffnod o The Ivy Press Limited.

Cedwir pob hawl. Ni chaniateir atgynhyrchu unrhyw
ran o'r cyhoeddiad hwn na'i gadw mewn cyfundrefn
adferadwy na'i drosglwyddo mewn unrhyw ddull
na thrwy unrhyw gyfrwng electronig, mecanyddol,
llungopïo,recordio nac fel arall, heb ganiatâd
ymlaen llaw gan y cyhoeddwyr.

Mae'r cyhoeddwr yn cydnabod cefnogaeth
ariannol Cyngor Llyfrau Cymru.

Argraffwyd yn China

www.rily.co.uk

RILY

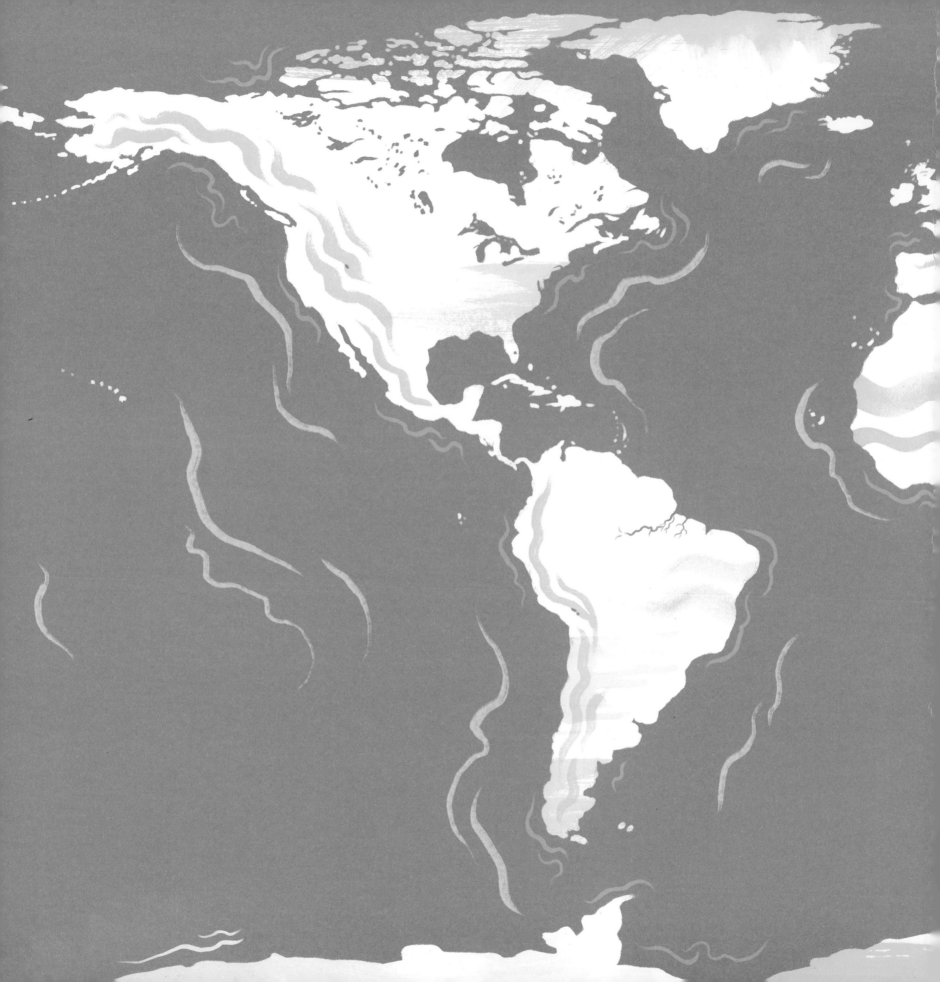